Bear Grylls

荒野求生技能手册

1

TUBU LÜ XING BIBEI CHANGSHI

徒步旅行必备常识

[英] 贝尔 · 格里尔斯 著 邢立达 译

接力出版社
Publishing House

Bear Grylls

本套“荒野求生技能手册”专为青少年打造，以确保大家在野外的安全。徒步旅行是强身健体的好办法，还能让你欣赏到地球上最令人惊叹的景色。但是在向野外进发之前必须做好准备。只要知道应该携带哪些装备以及如何在极端情况下求生，你就可以随时去野外来一番探险！

Bear

目录

徒步前的准备

徒步旅行通常需要长距离行走，比轻松的漫步更耗费体力。这也是强身健体和探索自然的绝佳选择。我们可以选择有组织的徒步团队，当然也可以自己规划路线，享受户外乐趣。

背包

如果旅途长过树林里的短暂散步，那你就必须拥有一个舒适的背包。如今市场上的背包大多是内框架类型，可以让使用者随心所欲地活动。这种背包一般是以两条竖直的铝条和一块坚硬的塑料板为框架。

■ 正面图

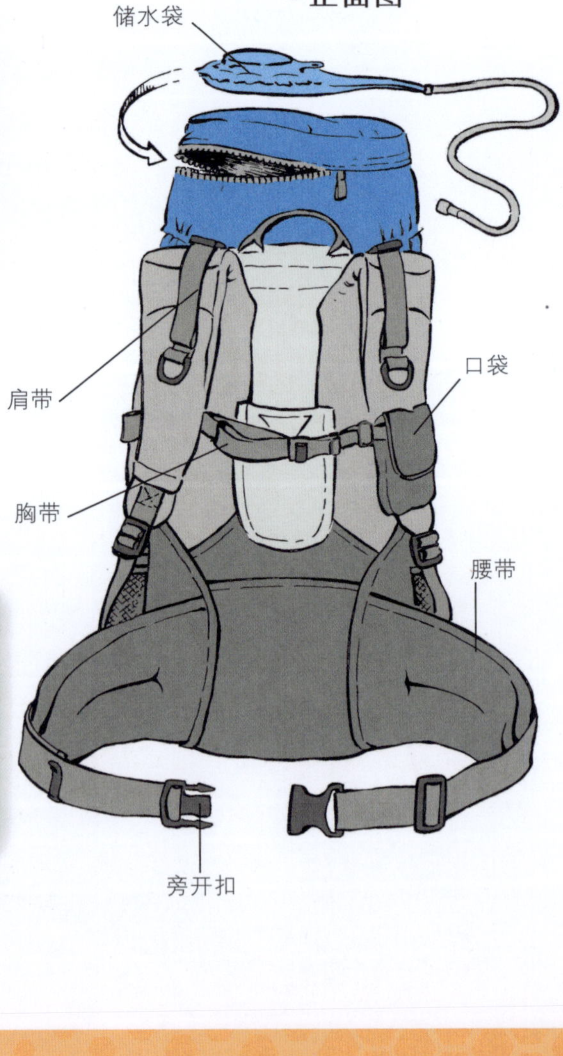

贝尔的话

多尝试几种背包，选择可以在长途跋涉中让你舒适的一款。试背之前先在里面放些东西。

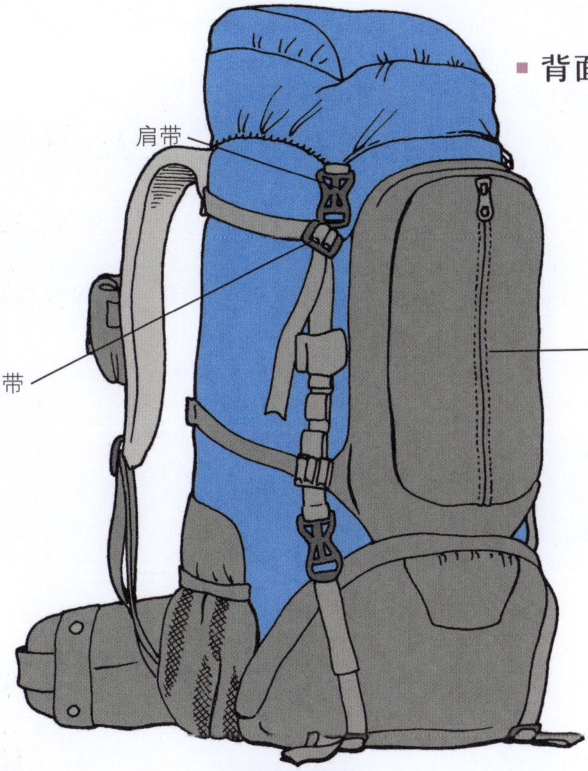

背包的种类

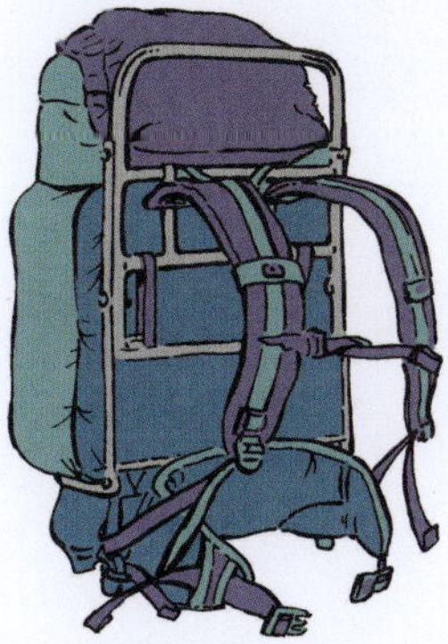

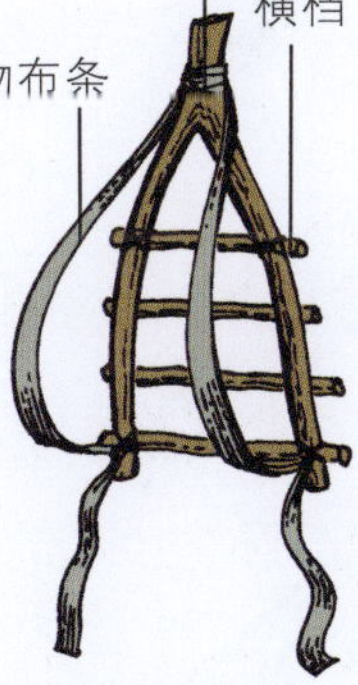

小背包

为期一天的徒步旅行不需要大背包，选择小背包足矣。

外框架背包

更舒服的新背包问世之后，这种坚硬沉重的背包基本上已经没人再使用。

应急背架

还可以把最重要的东西捆在这种应急背架上。

制作马蹄铁形背包

在背包丢失或损坏的时候，我们可以制作这种背包应急。它在背上之后会弯成类似马蹄铁的形状。

贝尔的话

制作背包时要使用结实的防水材料，而且要小心谨慎，以便行李能妥善保存且保持干燥。

1 在地上铺开雨披、防水布或毯子。

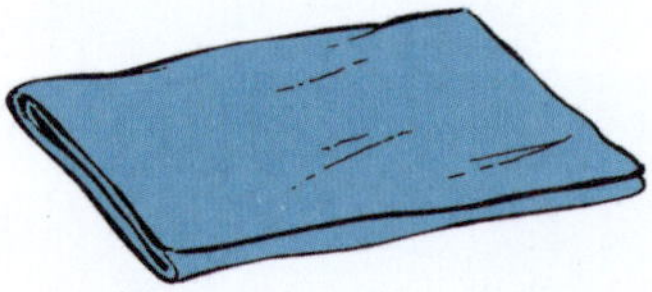

2 将行李中的重要物品放在一头。

3 从靠近物品的一边开始包裹物品，一直卷到另一头。

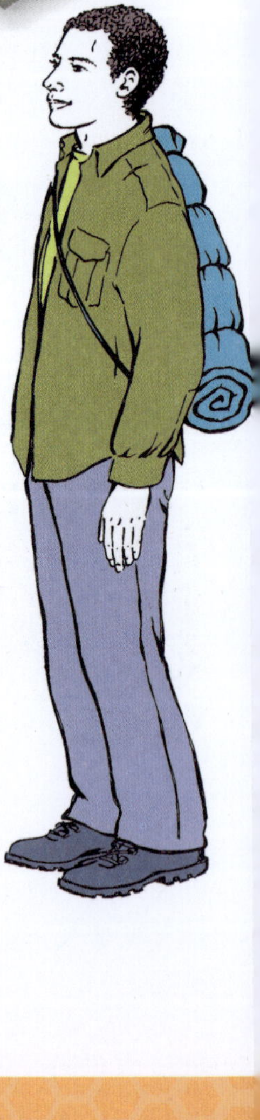

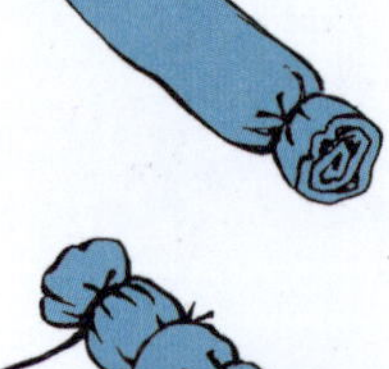

4 用绳子或类似的东西捆好两头。

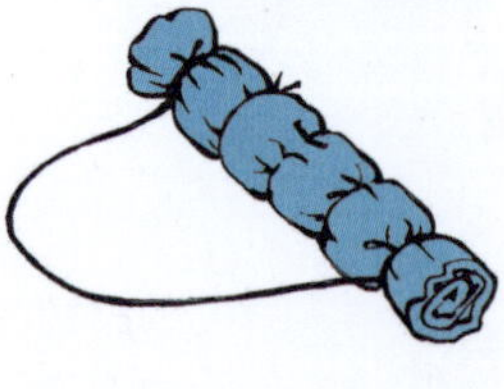

5 继续捆扎几道，让包裹更结实，最后加上用来挎包的绳子。

6 去面对接下来的挑战吧！

打包方法

即使背包和身体完美贴合，不恰当的打包方法也会让顶级背包都无法提供舒适的体验。只要遵循以下几条简单的原则，你就会在旅途中尝到甜头。

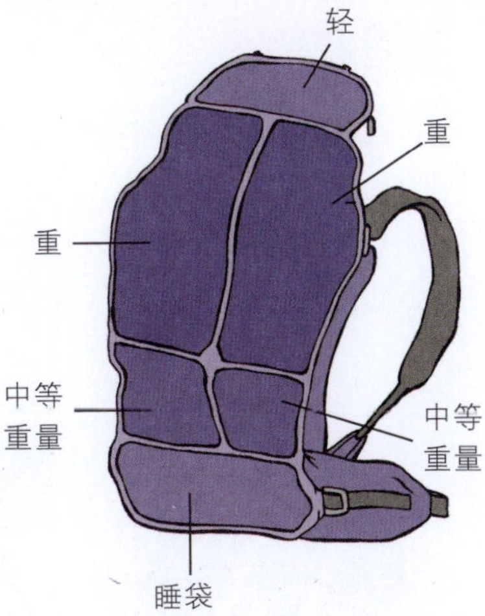

侧面图

将最重的装备放置在靠近肩部且贴近背部的地方。

束带和带扣

束带和带扣的种类很多。一定要明白它们的使用方法，以及如何在解开后重新扣上。在你开始长途旅行或去环境恶劣的地方之前，最好准备一些备用件。

贝尔的话

使用打火机的时候必须特别小心，最好让大人帮你。

梯扣

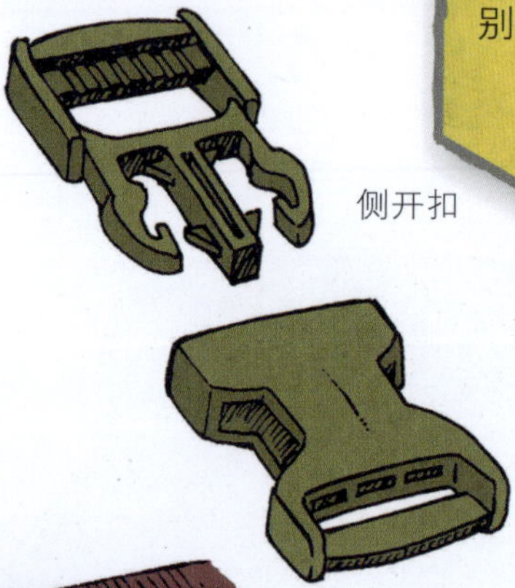

侧开扣

背带调节扣

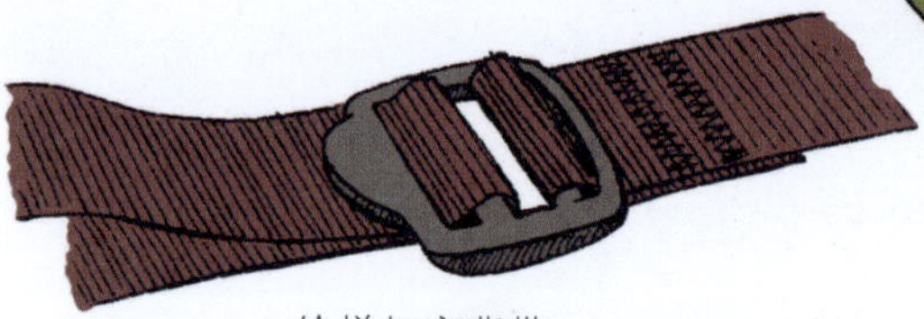

给梯扣穿背带

用火焰给磨损的背带边锁边

“锁死”背带

背带调节扣的正确穿法

如何背上背包

首先你得确定背包不会太重，并且可以安全地拿起来。有时候其他人来帮忙的话会比较轻松。

1 挺直背脊，弯曲膝盖，用大腿顶起背包。

2 弯腰，侧过身体，将一条手臂穿过肩带。

3 将另一条手臂穿过另一边的肩带。

4 扣好腰带，需要的话调整肩带。

选择装备

需要的装备因徒步类型而异。你在选择的时候要考虑到旅行所需的时间、可能会遇到的天气和会遭遇的地形。

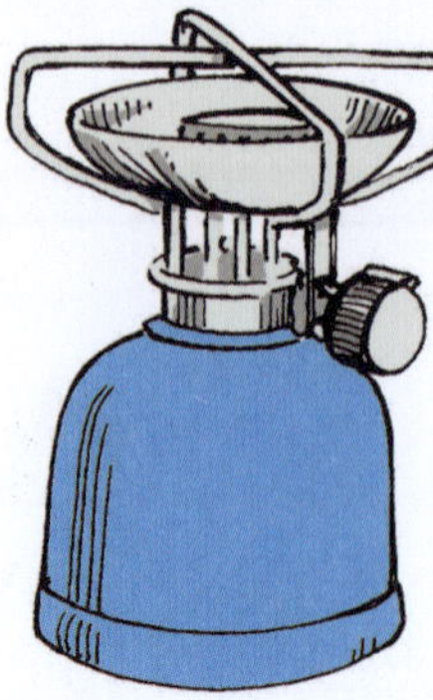

野营炉

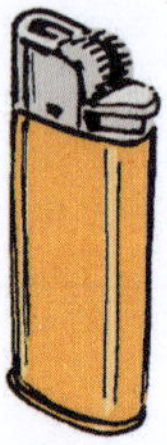

打火机

食物

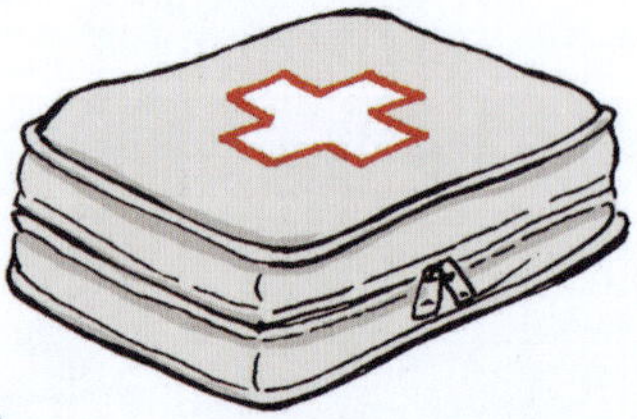

急救箱

水壶

手机

餐具

装在塑料袋里的相机

杯子

锅

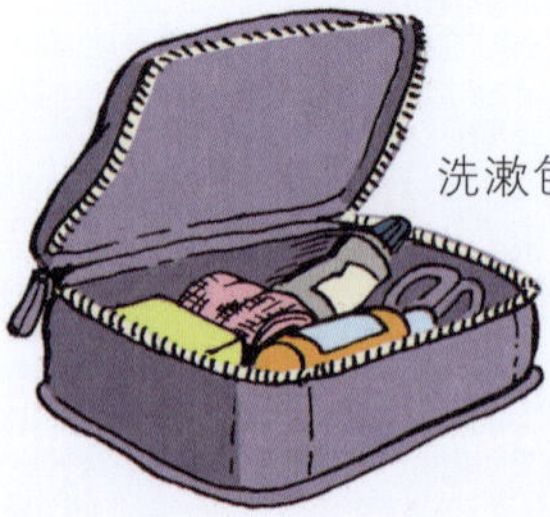

洗漱包

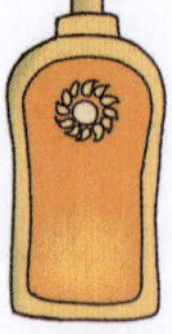

防晒霜

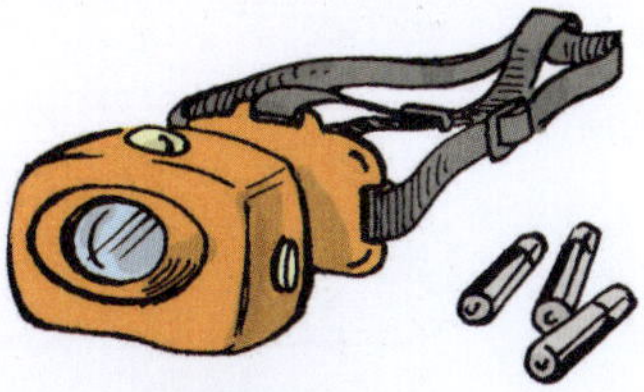

带备用电池的照明灯

指南针和地图

贝尔的话

你的经验越多，打包就会越熟练。旅行结束后，给本该带上但遗漏了的东西列一张清单是提高打包技巧的好办法。

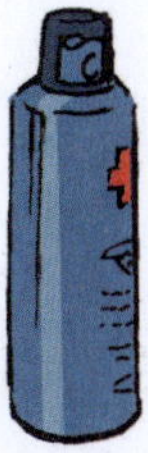

驱虫剂

防水夹克

手套

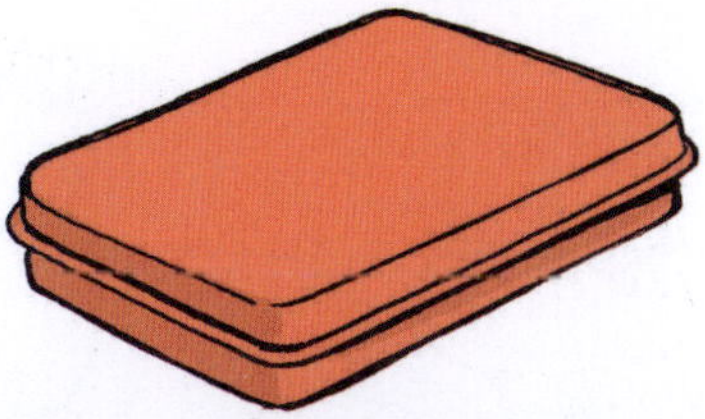

救生背包

（见下页）

衣物

垫子和睡袋

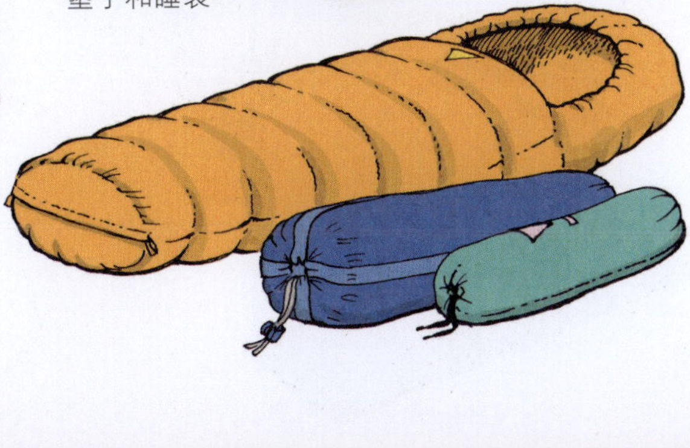

救生背包

在紧急情况下，一些简单的东西可能左右你的生死。根据需要制作救生背包，去野外的时候一定要随身携带。

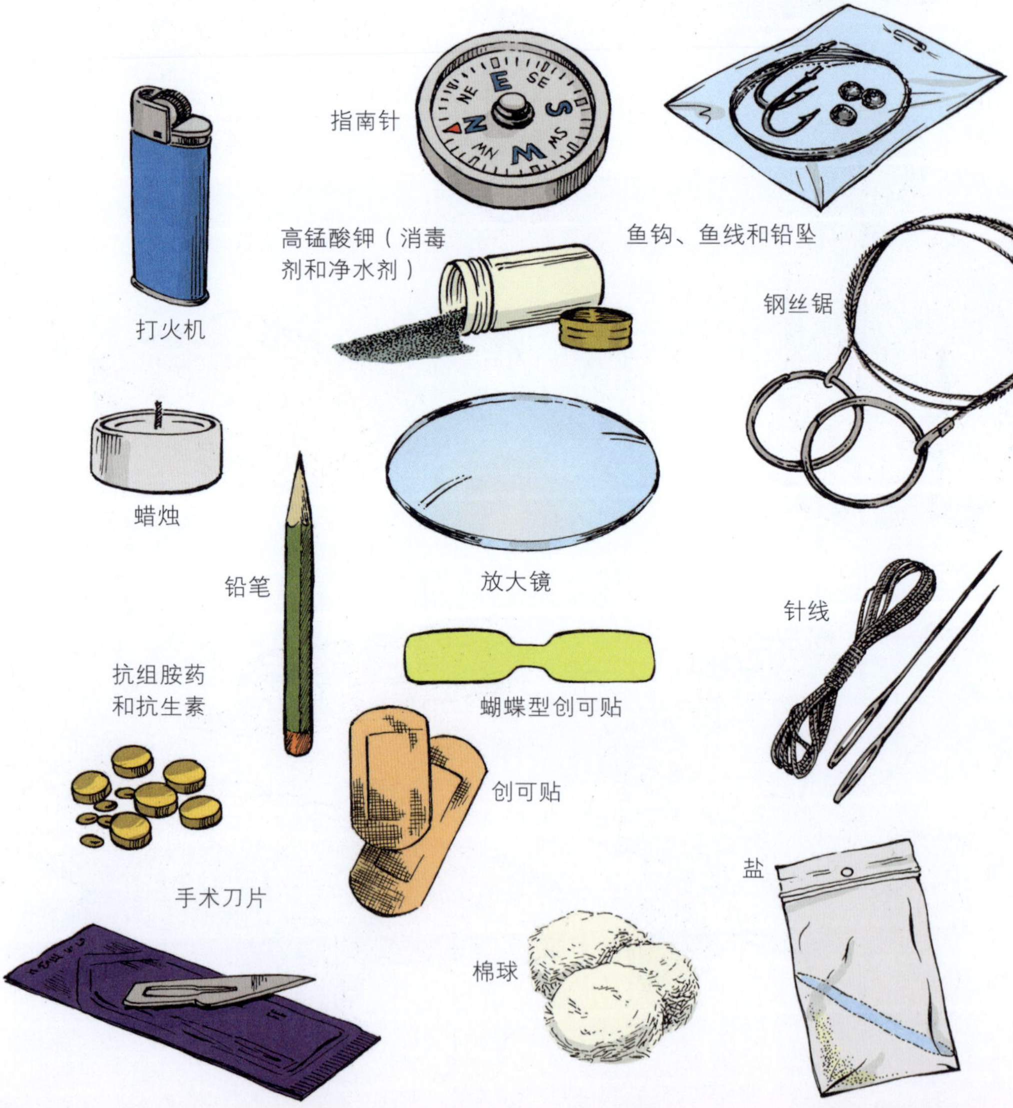

选择登山靴

我们要仔细选择靴子，不仅要舒适，还要适合计划中的活动。在长途徒步之前要先和新靴子磨合。

登山靴的结构

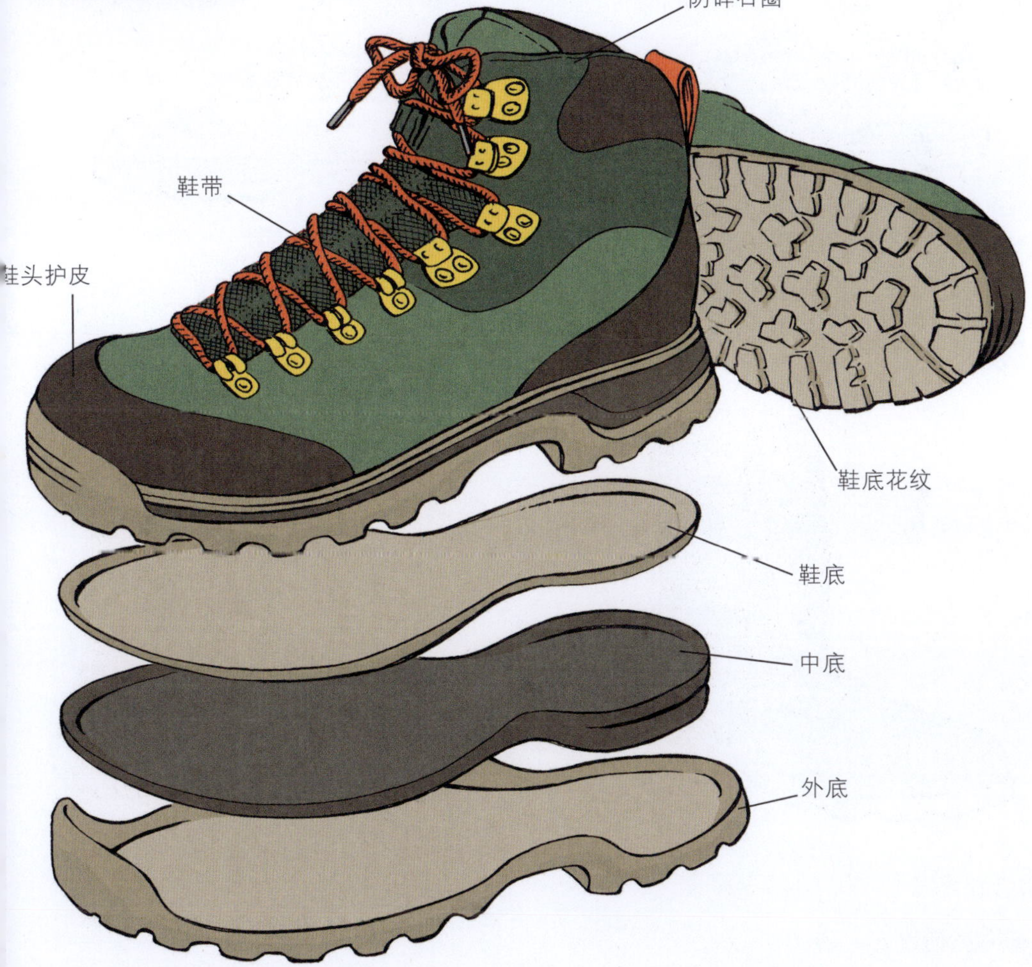

鞋子的种类

选择正确的鞋子非常重要。旅行中我们可能要长时间行走，所以，当你疲惫不堪地接近终点时，各种不舒适都意味着愉快的一天会以痛苦的折磨而告终。

■ 训练鞋

这种轻便的鞋子足以应对平缓的地形，也不会让你的步伐太沉重。

■ 登山靴

这种坚硬又保温的靴子不适合普通徒步旅行。

■ 丛林靴

这种帆布和橡胶做成的靴子可以快速排出湿气。

■ 沙漠靴

麂皮沙漠靴既能阻隔灼热和沙子，也能让脚透气。

打结样式和鞋带扣

系鞋带的方式很多，鞋带扣（用于穿过或缠绕鞋带的结构）的样式也不少。多尝试几次才知道哪种打结样式能让脚最舒适。有些打结样式并无特别效果，但看起来很酷！

贝尔的话

当你脚上有伤口时，或许可以使用跳过式打结来防止鞋子和伤口摩擦。

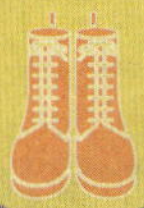

打结样式

■ 跳过式

受伤或足弓较高的人可以在系鞋带的时候跳过几个鞋带扣，这会让脚更舒服。

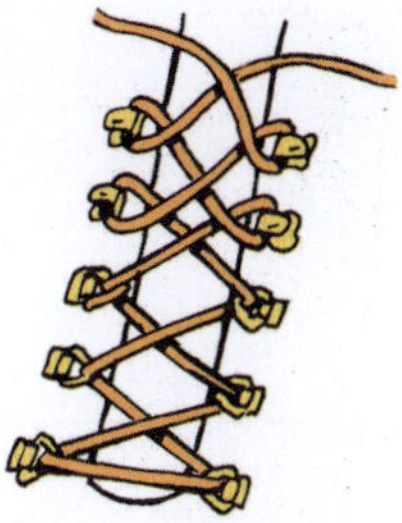

■ 登山靴打结法

这种简单的打结技术利用了摩擦力，不会松脱。

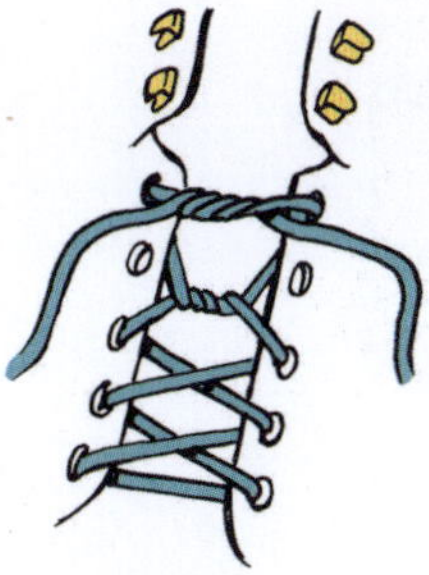

■ 双花结

打两个单独的单索结有助于减少压力，防止起水泡。

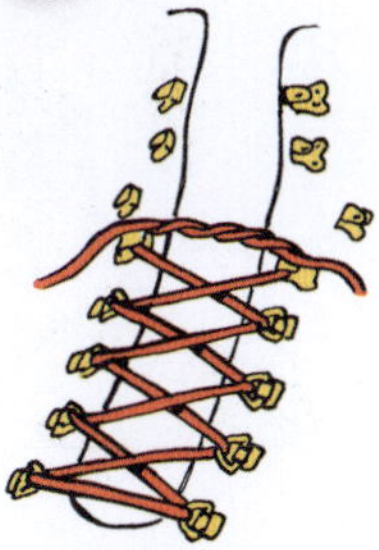

■ 双绕结

最后的结绕两遍，让绳结更结实，以防松脱。

鞋带扣

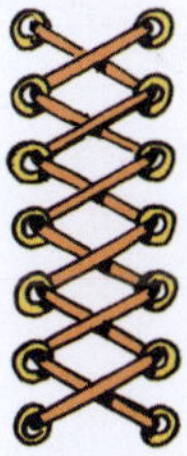

■ 鞋眼片

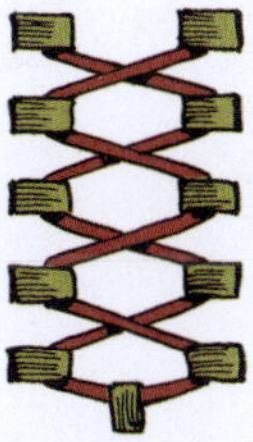

■ 带扣

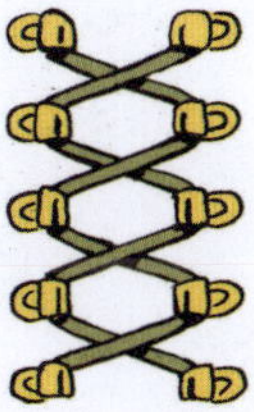

■ 钩子

■ D 状环

■ 复合型

靴子的历史

在起伏不平的路面上行走时，靴子是确保安全和舒适的关键。目前已知的最古老的鞋子是发现于美国俄勒冈州的绳编凉鞋。除了脚之外，靴子也可以保护脚踝，有时还能保护双腿。

贝尔的话

旅行之后你最好马上清理靴子。等到第二天可能会更难清理，而且还有臭味！

维京人皮靴，大约制作于公元900年

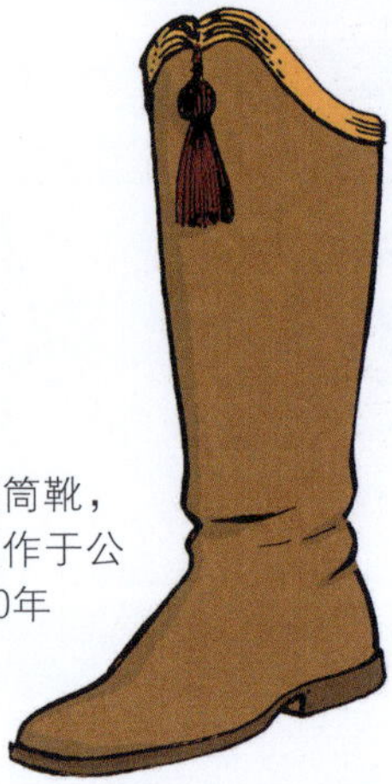

流苏高筒靴，大约制作于公元1820年

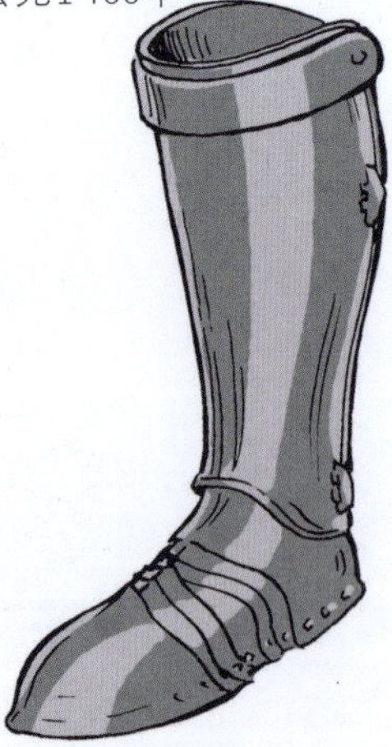

中世纪的护胫甲，大约制作于公元1400年

冰人奥茨的靴子，大约制作于公元前3255年

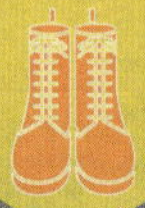

因纽特人的海豹皮靴，从公元前1万年左右制作至今

保养靴子

细心保养可以延长徒步靴的使用寿命，还能让它们穿起来越来越舒适。一定要记得携带备用的鞋带，每次穿的时候都要检查有没有针脚松脱或损坏。

▪ 清洗

保养远足后的靴子时，先用水和软刷洗掉泥土和灰尘。

▪ 晾干

晾干靴子，不能直接放在阳光下或火焰旁。

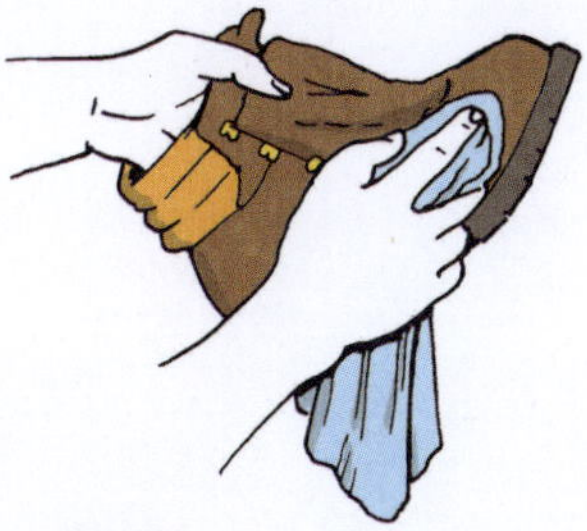

▪ 保养

晾干之后，给靴子打一层防水油或皮革养护油。

袜子

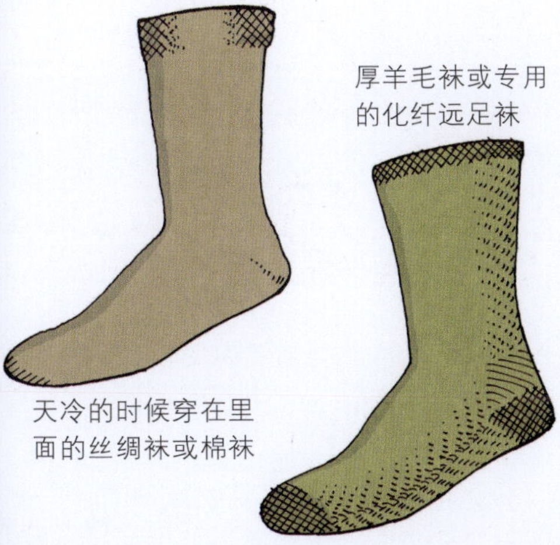

登山杖

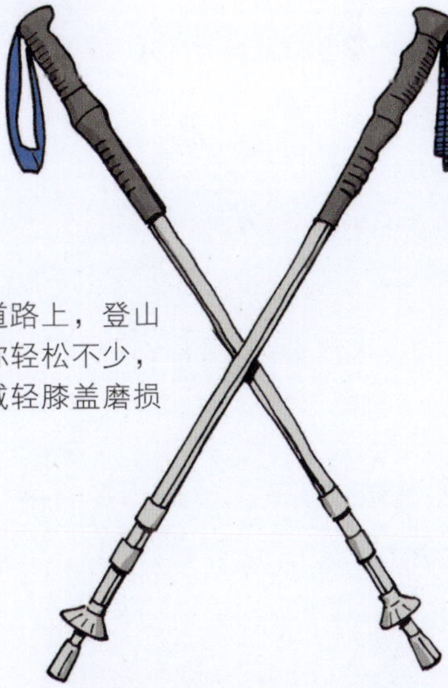

处理水疱

大多数水疱不经处理也可自然痊愈。我们的身体会吸收里面的液体，新皮肤长出来的时候，水疱的外皮就会干燥脱落。

1 不要弄破水疱，因为挤出水疱里的液体可能会拖延愈合时间，还会引起感染。

2 可以用合适的创可贴或敷料包扎水疱。每天都要换药，换药之前必须洗手。

3 可能的话在水疱痊愈之前都不要穿让脚起水疱的鞋。水疱破裂后，应轻轻清洗，并用干燥的无菌敷料包扎。

4 如果水疱引起剧痛、发热、发红或化脓，那就可能是发生了感染，此时应该就医。

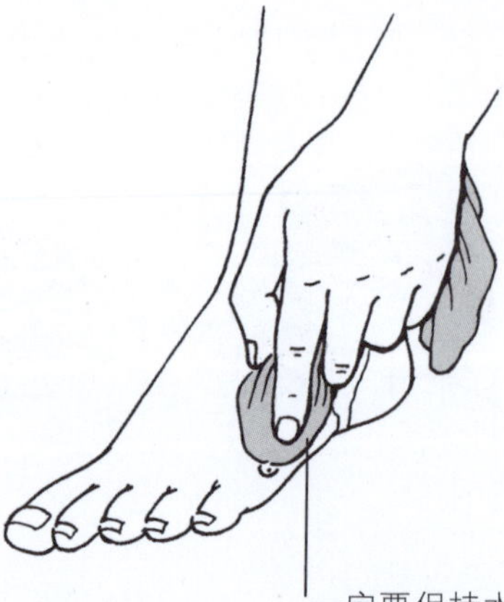

一定要保持水疱的卫生，以免感染

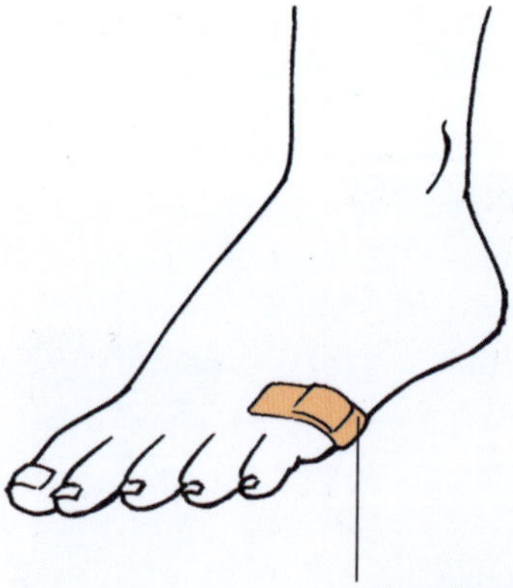

创可贴可以保护起水疱的部位

贝尔的话

当我们的身体出问题的时候一定要告诉大人，水疱也不例外。让他们决定该怎么处理。

认识路标

只要随时注意树上的路标，你就不会走错路。树皮路标是旅行者相互留下的指向标志。

常见树皮路标

继续往前走

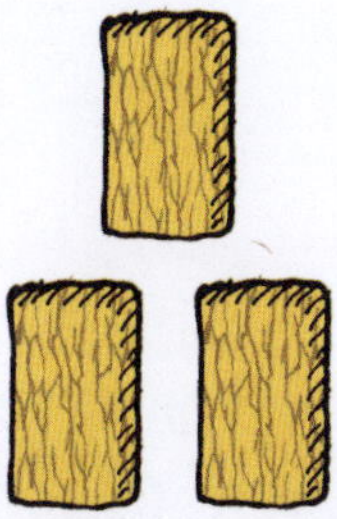

道路入口

通往另一条路的小道

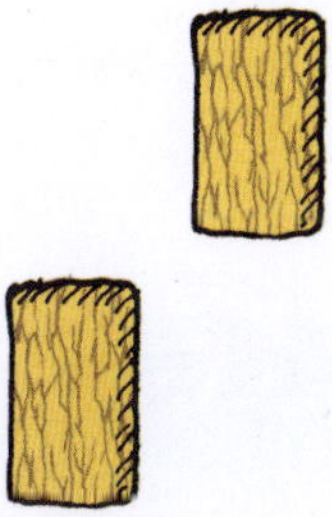

右转

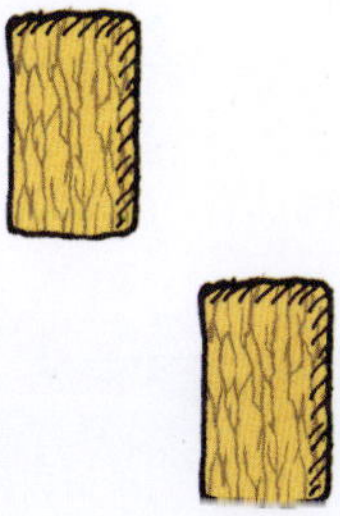

左转

道路尽头

印第安人的路标

几个世纪以来，北美的印第安人都会为同伴留下路标。

贝尔的话

分两队行动时，第一队人可以为第二队留下路标。一定要确保大家都明白路标的意思。

继续前进

右转

左转

重要警告

继续前进

右转

左转

重要警告

继续前进

右转

左转

重要警告

丛林旅行

丛林旅行可能非常艰难。要是没做好充分的准备，那么你的意志很快就会被酷热、令人窒息的潮湿、咬人的虫子和茂密的植物所摧毁。

丛林层次

丛林服装

丛林里必须穿轻便结实的速干服装。还要准备一套干净的睡衣。

登山扣和登山绳

沙漠旅行

所有年降雨量长期低于25厘米的地方都有可能形成沙漠。沙漠的环境非常极端，通常白天酷热，夜里严寒。

贝尔的话

造访沙漠是一场了不起的体验，但你必须做好应对所有气候状况的准备。旅行时一定要跟随导游。

沙质沙漠

沙质沙漠也被称为沙丘沙漠或沙海，是一片比较平坦的辽阔地区，覆盖着随风飞扬的沙砾。

岩质沙漠

在部分沙漠地区里，风和间断的水流带走了沙砾和其他细小的颗粒，只留下光裸的大岩石和由小岩石铺就的小道。

山地沙漠

这种沙漠是由荒芜的山丘或山脉组成的，通常由平坦的盆地隔开。山地沙漠远高于海平面，可能非常寒冷。

沙漠服装

在沙漠里穿的衣服必须能为身体隔绝灼热的阳光，并抑制过度出汗。用透气织物缝制的浅色衣物是最佳选择。

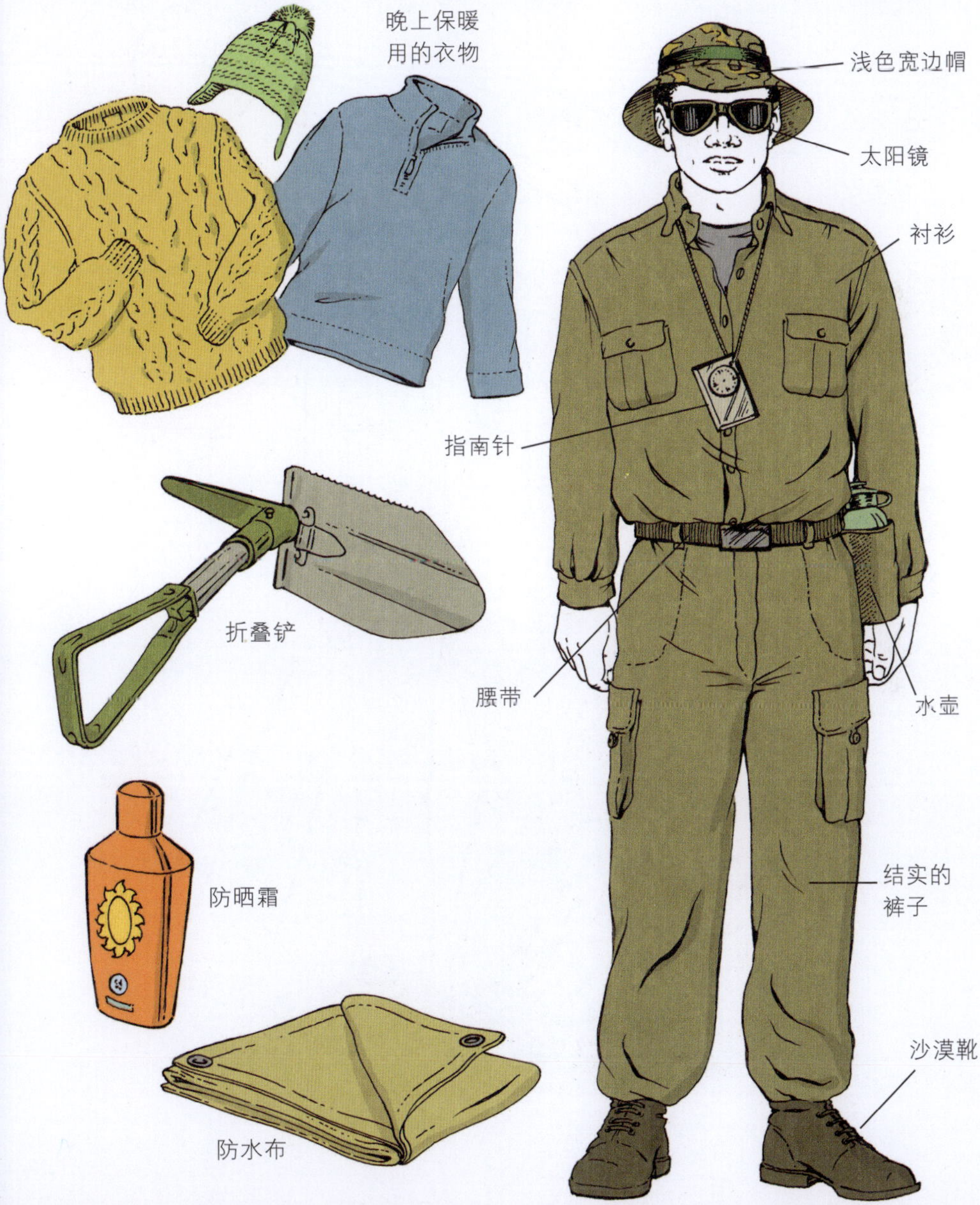

热度和身体

沙漠的热度可以杀人。为保证安全，不要剧烈运动，同时足量饮水并保持体内盐分充足，还要保护身体不受各种热源的伤害。

沙漠帽

一顶帽子就能彻底改变你在沙漠里的处境，而且可能是货真价实的救命稻草！它能为你的头发、眼睛和皮肤隔绝紫外线。一副质量过硬的太阳镜还能给帽子锦上添花。

法国平帽

脑袋上方的空间形成了保温的空气层。

图阿雷格人面纱

撒哈拉游牧民族图阿雷格人喜爱用面纱来遮挡阳光和尘沙。

帽子和面罩

效果不错的临时保护措施。

狩猎帽

非洲人的最爱，具有宽大的帽檐，而且透气。

沙丘

风吹来的沙子堆成了沙漠中的沙丘，它们的形状取决于盛行风的方向和沙子的数量。

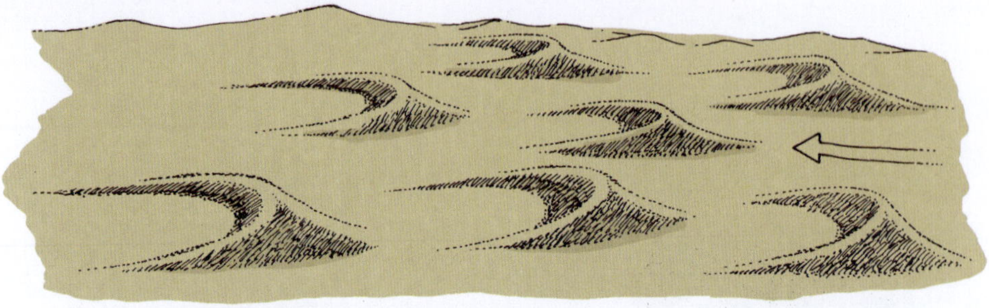

新月形沙丘

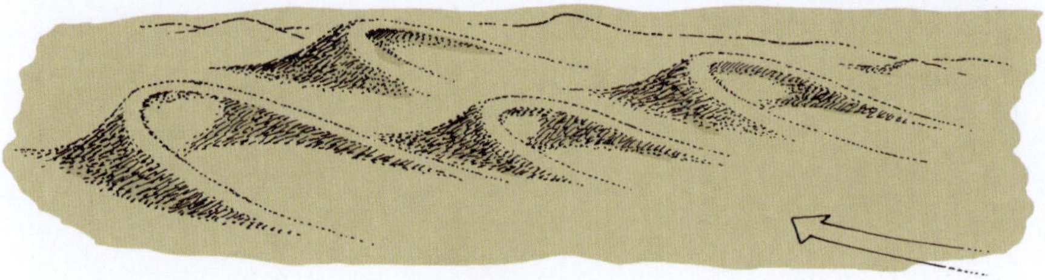

横向沙丘

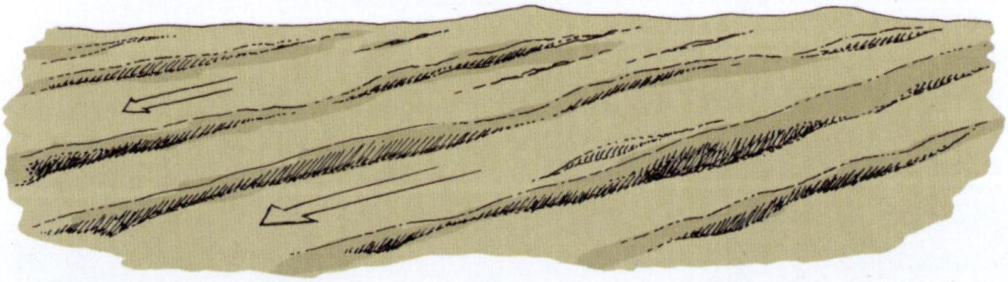

纵向沙丘

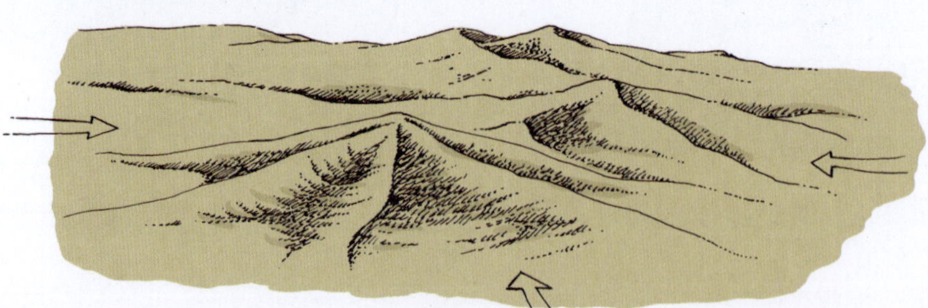

星形沙丘

冬季旅行

即使天气寒冷，我们也不是只能窝在家里。只要衣物和装备合适，最严寒的地方都能成为你的冬季乐园。

冬季户外服装

寒冷地区的着装

在寒冷的天气里要多穿几层衣服，这样就能让滞留在衣服之间的温暖空气为你保暖。最外层的衣服必须防风防水。

贝尔的话

在极度寒冷的地方，流向手脚的血流会减慢，以便给重要脏器提供更多血液。

热量丧失

太过寒冷会让旅行变得很不舒服。在极端情况下还会发生低体温症，症状取决于体温的下降程度。当你怀疑身边有人发生低体温症时应尽快就医，因为体温过低会威胁生命。

贝尔的话

身体需要将体温保持在37摄氏度，体温的微小变化也会让人感到不适。

寒冷和身体

我们的身体必须对抗各种热量丧失才能在寒冷的环境下保持正常体温。

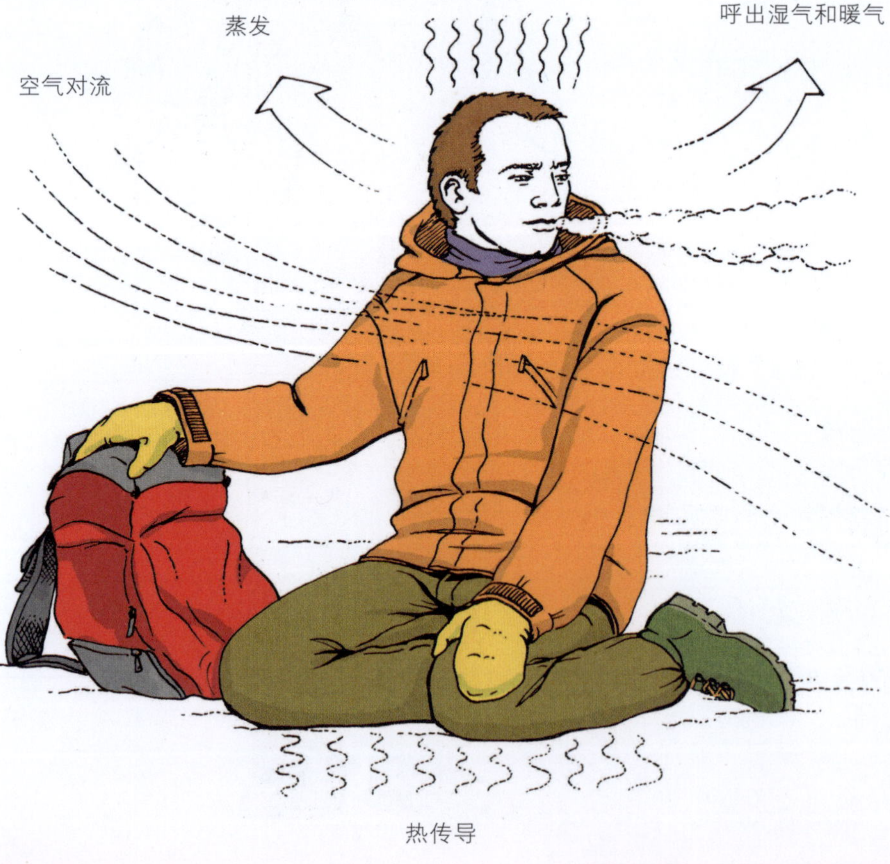

用于潮湿天气的织物

身体干燥的时候才能保持温暖。原始的防水织物是油布，即用亚麻籽油浸渍过的棉布。聚酯涂层织物是更便宜轻便的化纤防水布。而戈尔特斯是“会呼吸”的织物，既可以挡住外面的水，又可以让汗水透过。

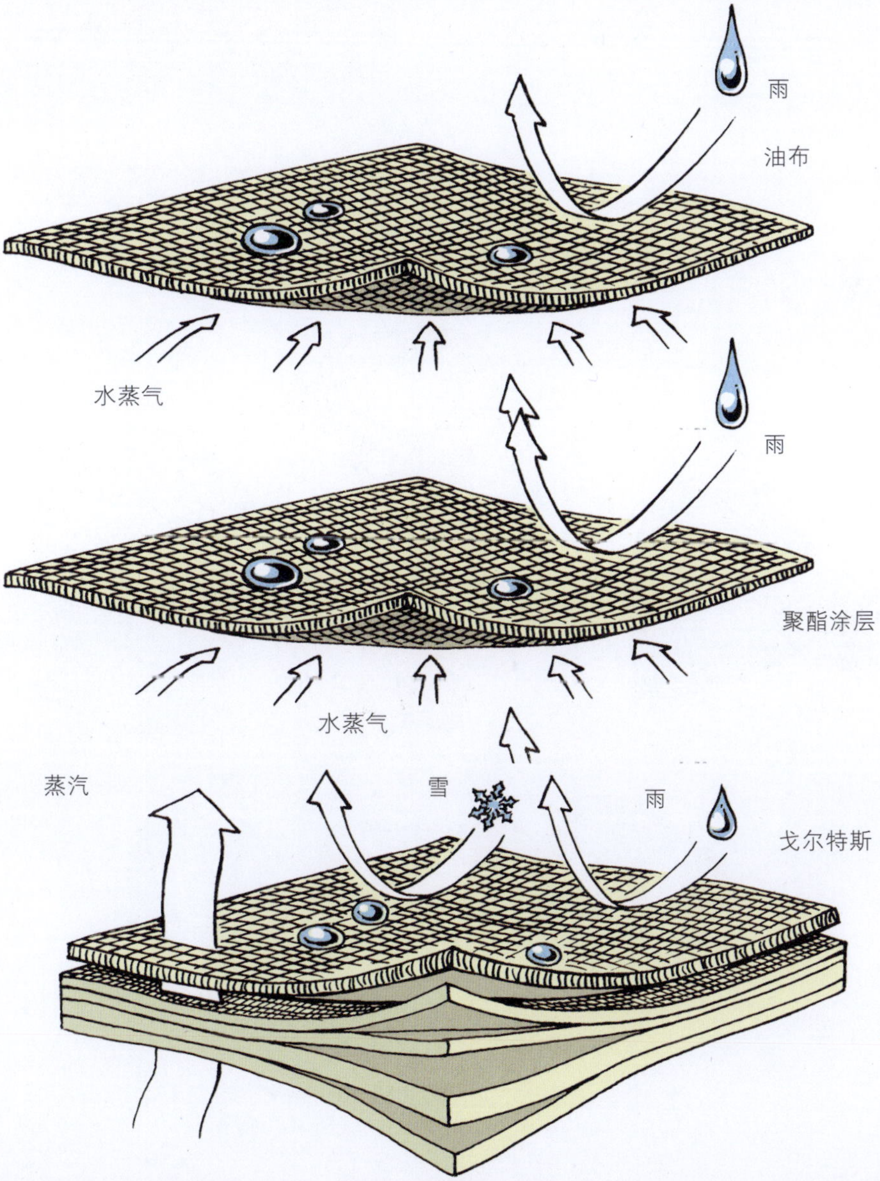

寒冷天气下的装备

寒冷天气里的装备最好方便在活动量大的时候脱下，并在需要时重新穿上，这样有利于在休息的时候保暖。

贝尔的话

不要对伤病心存侥幸，有问题的时候一定要马上寻求帮助。

围巾

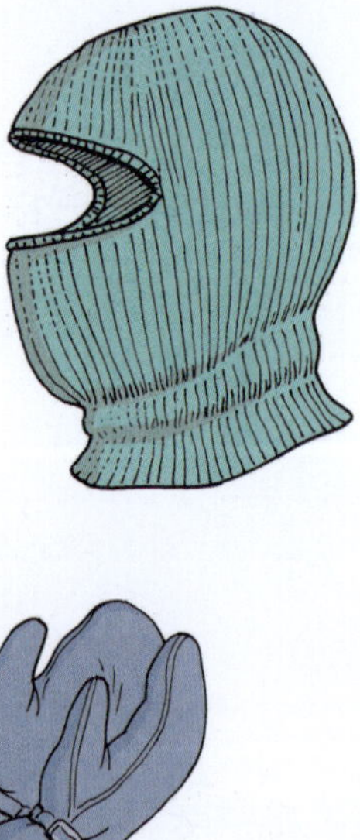

巴拉克拉法帽

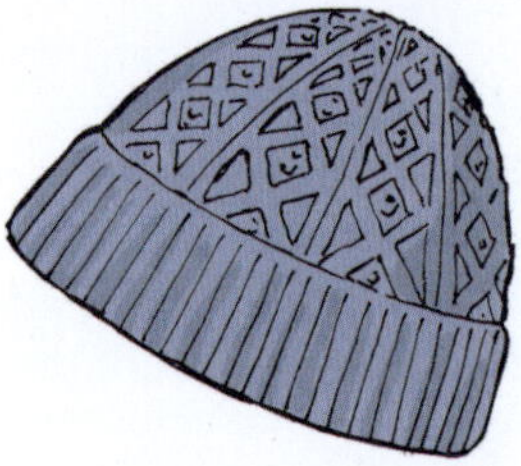

羊毛小圆帽

带弹性腕带的防水隔热手套

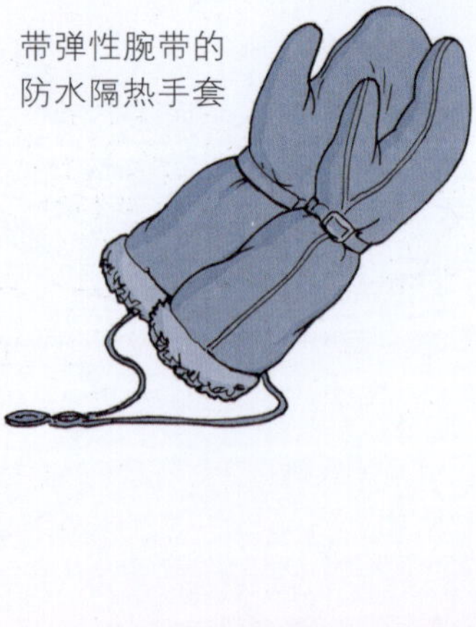

化纤小圆帽

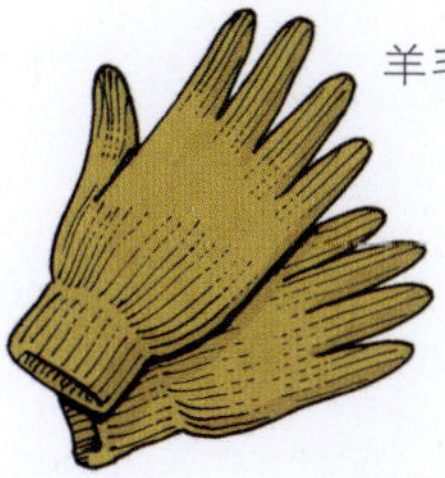

羊毛或保暖手套

保暖马甲

保暖内衣

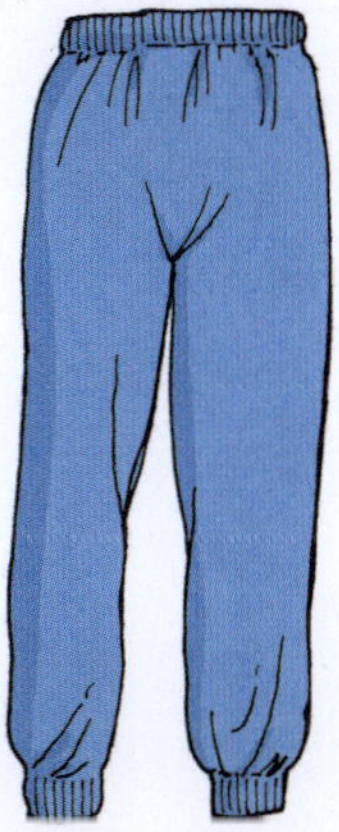

带弹性腕带的羊毛
或化纤连指手套

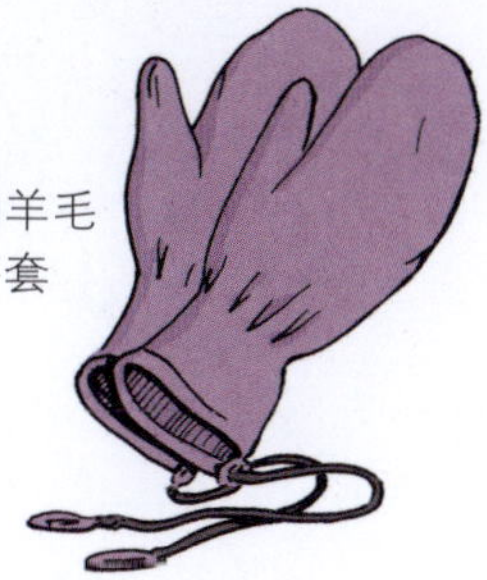

雪鞋

扩大体重的受力面积可以减少压强，所以和普通鞋子相比，长而宽大的雪鞋不太容易陷入雪地。

冰川徒步

冰川是极地和很多山脉中的寒冰之河。徒步时最好绕冰川而行，除非你加入了一支极富经验的队伍。

冰川的结构

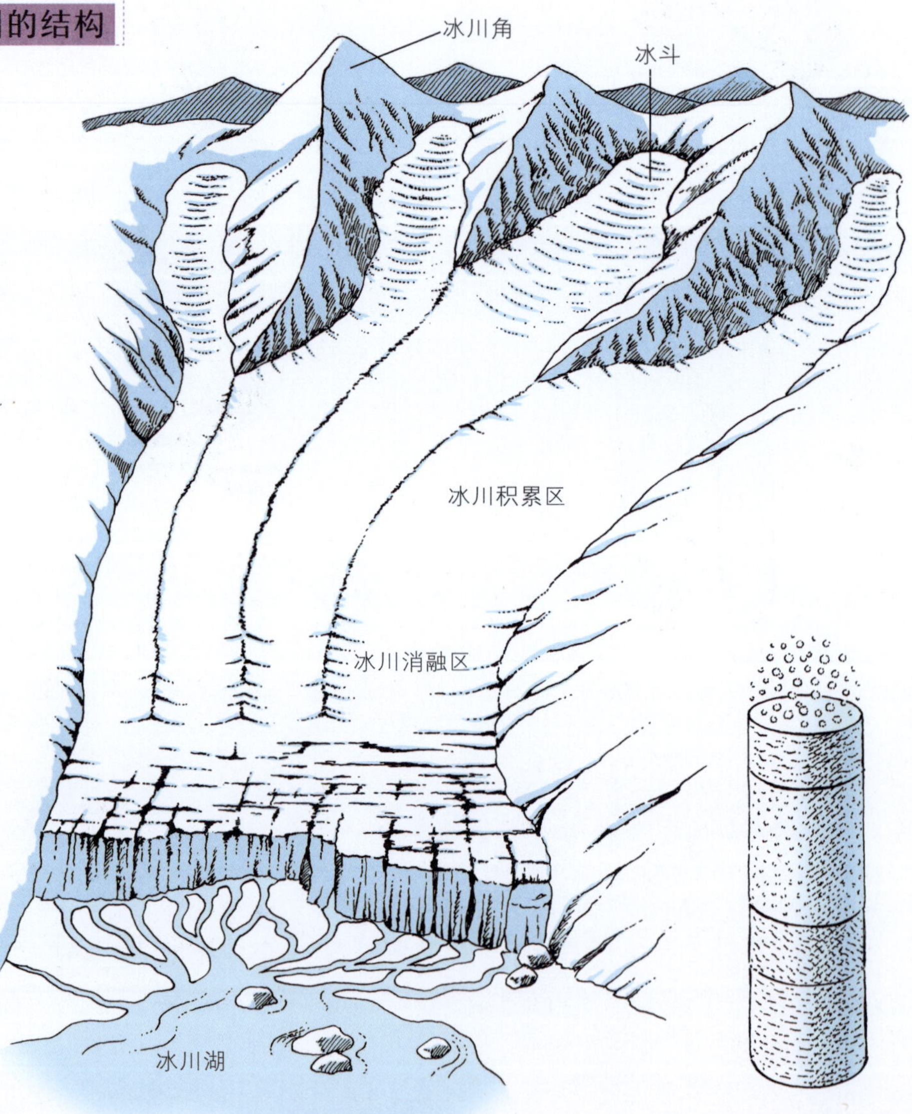

冰川的形成过程

顶部新雪的重量会压迫下方的雪，导致底部变成坚硬的冰。

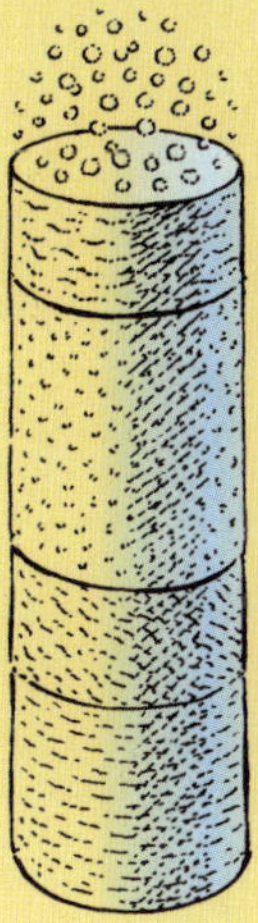

贝尔的话

一定要准备好适合旅行环境的衣服和装备，有必要的话就取消或延迟旅行，不要打无准备之仗。

冰隙

冰隙位于冰川上层，是几乎垂直的幽深裂口。

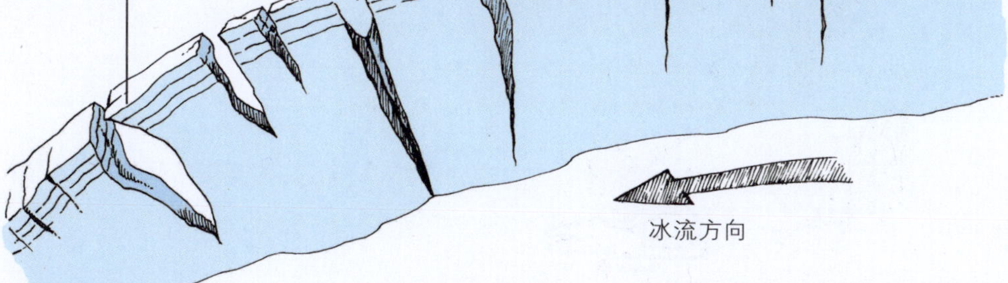

■ 一根绳上的蚂蚱

安全穿越冰川的第一条守则就是所有人都要用绳子互相拴在一起。建议至少由三人组成绳索队伍，而且最好至少分成两队，以便在一队遇险的时候能有人展开救援。

穿越冰隙区

■ 穿越雪桥

领头人尝试穿过雪桥之前一定要仔细检查，其他队员应该准备好在雪桥崩塌的时候拉住领头人。

■ **迂回策略**

一般来说，最好绕过冰隙而不是从上面越过。绕路时要小心谨慎，因为冰隙真正的终点可能会被雪掩盖。

■ **梯队**

必须从冰隙旁边走过而且可能还有隐藏的冰隙时，这种对角线式的队形可能比较合适。

冰隙急救包

这种急救包在冰川旅行中至关重要，里面包含了冰隙救援所需的所有工具。

1 在用绳索拴在一起的队伍里，有人掉进冰隙时，其他人必须立刻采取防滑制动姿势。这可以阻止滑落者继续下坠。

2 如果下坠的人不能自行利用绳子往上爬，那救援工作就要依靠其他队员完成。离滑落者最近的队员停止防滑制动，并在雪地中设置救援桩。

3 固定好救援桩之后，所有队员就可以开始往后拖拽滑落者。如果队员不多，那就要使用滑轮系统。

爬山

爬山很适合锻炼身体，而且很多不可思议的自然风光都存在于山脉之中。以正确的方式爬山就能精神抖擞地上上下下一整天。

上山

▪ 缩小步幅

上山时的步幅应比平时更小。注意前方的道路，选择最佳路径。

▪ “Z”字形

上山的时候可以考虑走“Z”字，这虽然会延长行走距离，但可以减缓坡度。

▪ 四肢并用

在陡峭的地方用手扶住四周的石头，以便保持平衡并稳住脚步。

■ **站稳脚跟**

下山的时候慢慢来，挺直背脊，注意每一步都要把体重放到脚跟上。

■ **登山杖**

下山会对双腿和膝盖造成很大负担，这时候登山杖可以帮上忙。

■ **轻松下山**

下陡坡的时候走“Z”字形有助于保持稳健的步伐。

渡河

没有桥的河流可能会成为难以逾越的障碍。虽然渡河的方法很多，但要记住河流和溪水中必然潜藏着危险，接近的时候一定要小心。

顺应水流

尝试直接游过河会浪费不必要的能量，应该以和水流成一定角度的方向游泳。

涉水而过

面对水流，踩着河底过河。使用结实的木杆探路，它还能给你额外的支撑。

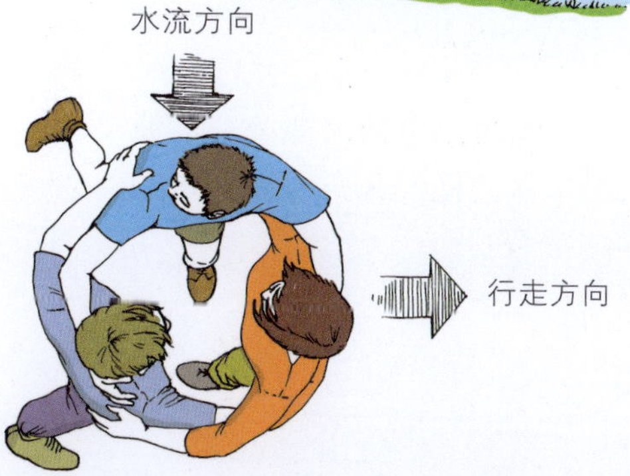

抱团过河

涉水的时候，三人抱在一起可以组成非常稳定的阵形。前进的时候一人先走，另外两人为他提供支撑。

长杆支撑

长而结实的木杆可以为几个同时涉水的人提供安全保障。

左右摇摆

在水流湍急的河流中，河曲处的水流会把拴在树上的木筏送到远处的河岸。

贝尔的话

只有懂行的成年人告诉你下水安全时你才能下水。水里可能潜伏着游泳好手也难以应付的危险。

冰筏

在寒冷的地区，河流中间的水可能没有上冻。如果两边的冰层足够厚，那就可以用锯子锯出或者用斧头砍出一块冰筏渡河。

单绳桥

第一个渡河的人

首先确认最强壮的队员可以安全过河。最佳的渡河地点是水流浅而缓慢的地方。成功游水或涉水过河的人必须把绳子的另一头牢牢固定好。

拉紧

其他队员要给绳子打个活结，并拉紧绳子。

速降座椅

过河时最好采用这种方法。此时需要登山扣和绳降用绳索。

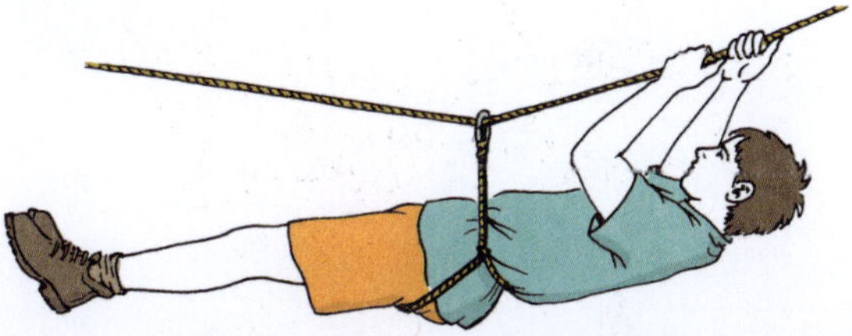

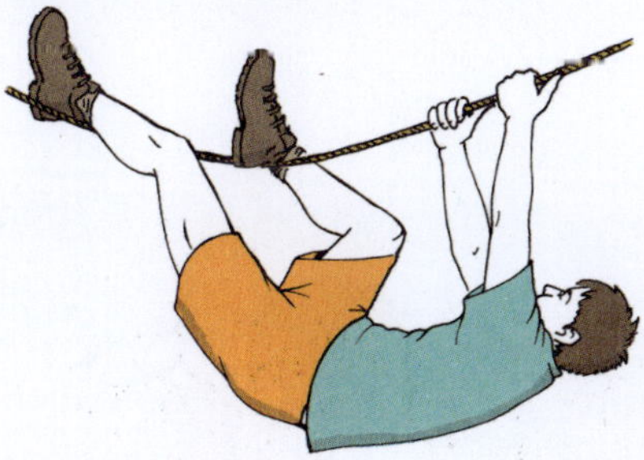

猴子爬

双手和脚跟缠住绳子，悬挂在绳子下方。用手拉脚蹬的方式前进。

突击队式攀爬

趴在绳子上，用右脚钩住绳子，左腿悬垂保持平衡。以双手向前拉、右脚后蹬的方式前进。

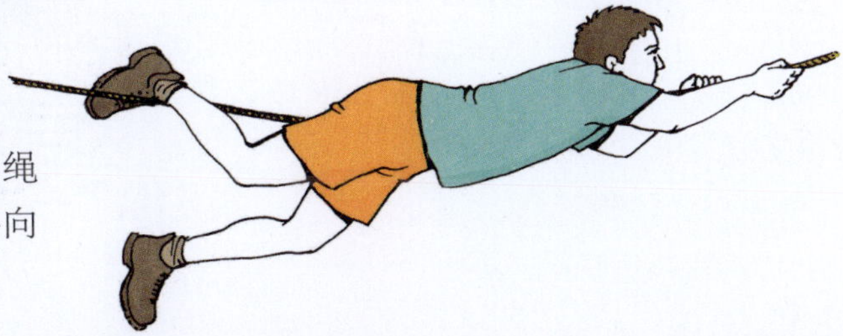

浮力辅助

1 将裤脚捆扎起来，并在水面上左右挥动。

2 将裤子按进水里，让里面充满空气。

3 几分钟之后可能需要重新充气。

雨披筏子

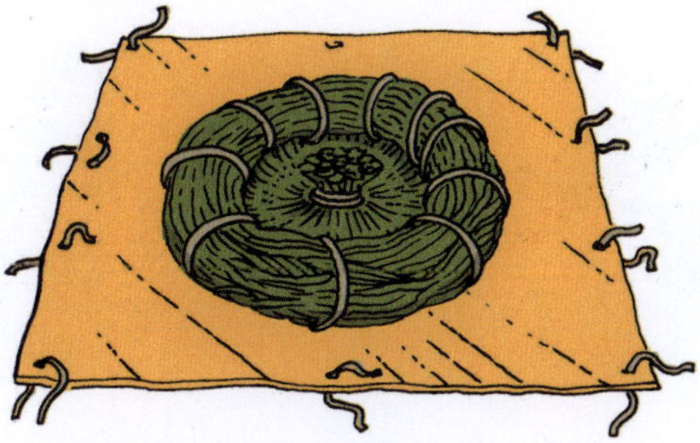

1 捆住防水雨披的脖子开口处，在中间放一圈植物。

贝尔的话

雨披本质上是有袖孔和帽子的防水包。在很多情况下，它都是轻便实用的求生设备。

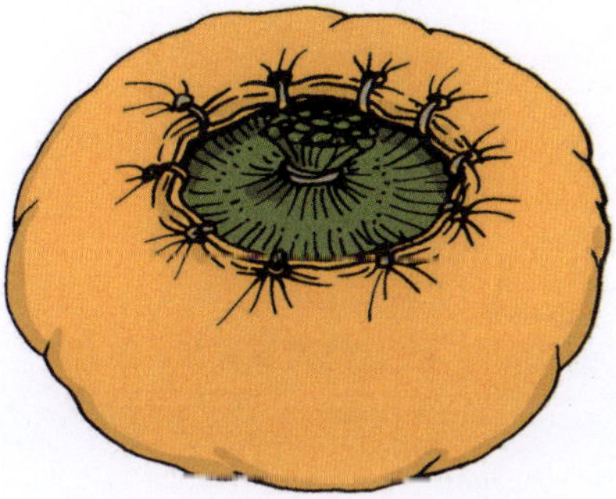

2 用雨披的四周将植物包裹起来，在顶部呈环状固定。

漂浮设备

背包不要背得太紧，以便在落水的时候能够扔掉背包。

其他漂浮工具

■ 木板

四块用绳子或钉子固定在一起的木板就是牢固的木筏。

■ 原木和绳子

1 找两根干燥的短原木，用绳子把它们捆在一起。

2 坐在原木之间，用手划水。

制作雨披装备筏

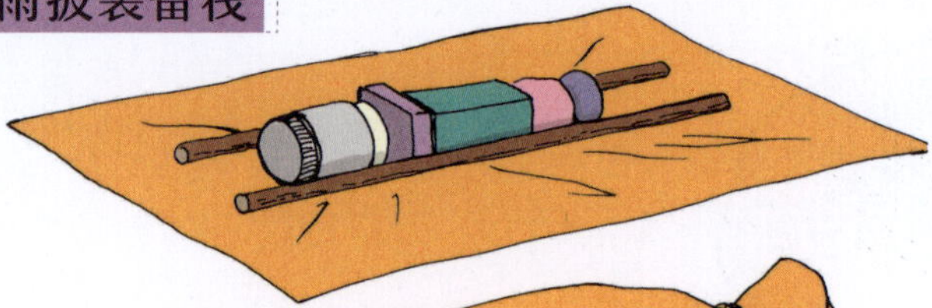

把装备放在雨披上

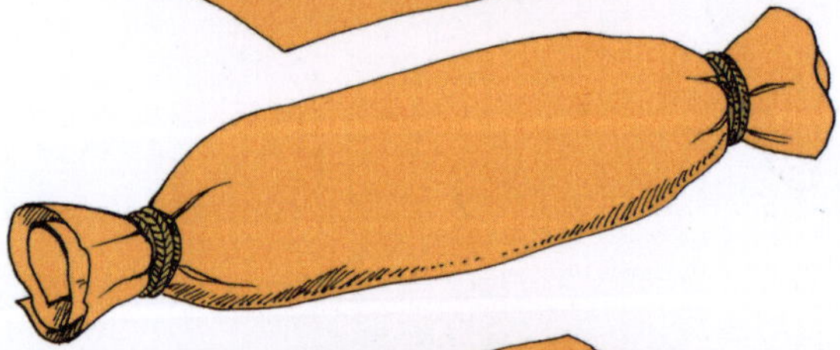

把两头捆好

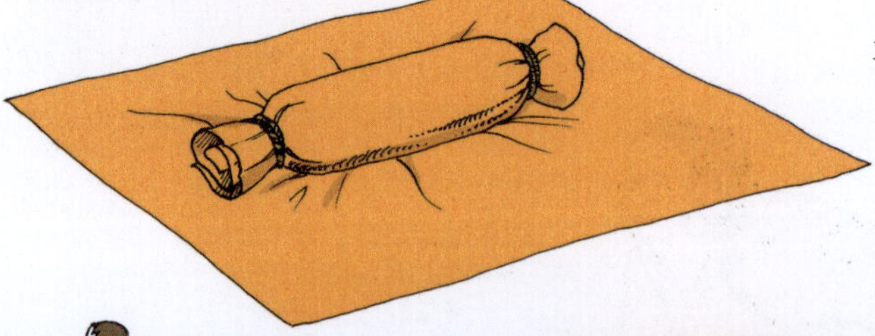

再包裹一层雨披

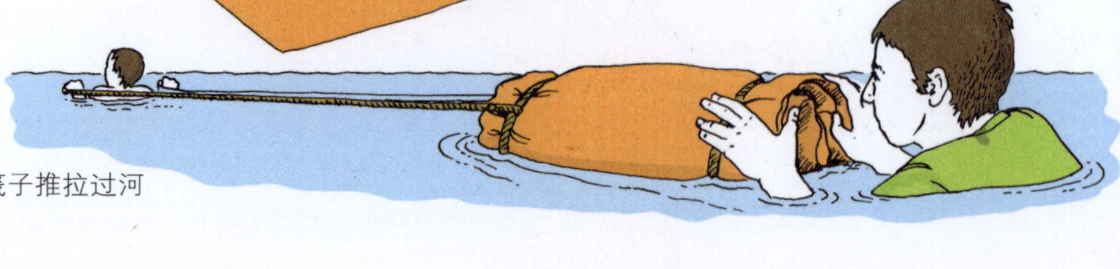

将筏子推拉过河

制作木筏

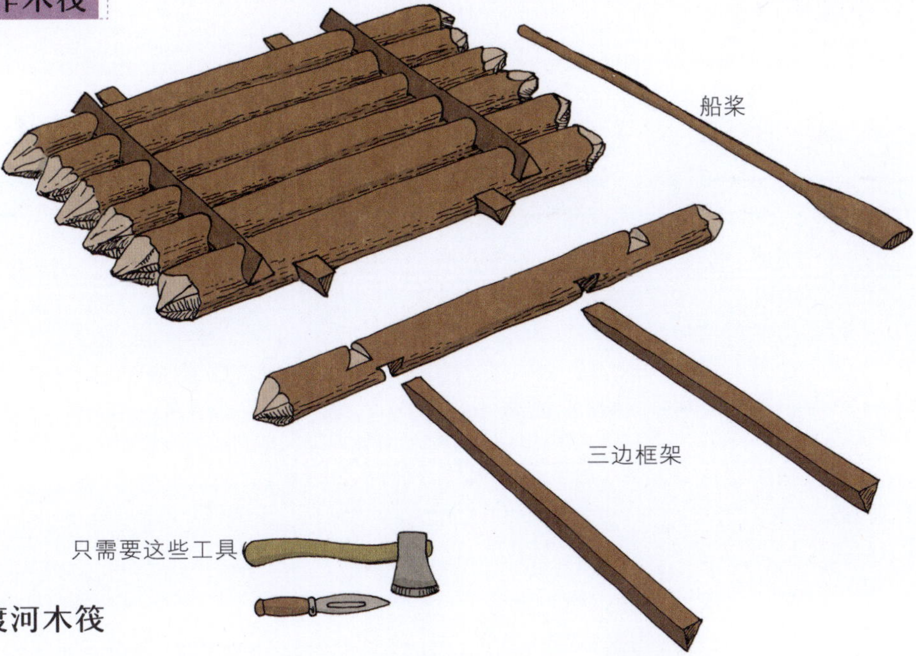

渡河木筏

制作可以坐 2—3 人的筏子可能需要 1—2 天，但在地势崎岖的地方或丛林里，这可能是最明智的脱身之法。

木筏下水

在水边制作木筏，并在下面垫两根光滑的原木。这样只要抬起一边就能轻松地让木筏下水。

桂图登字: 20-2016-331

图书在版编目（CIP）数据

徒步旅行必备常识 /（英）贝尔·格里尔斯著；邢立达译. —南宁：接力出版社，2017.11
（荒野求生技能手册）
书名原文：Hiking
ISBN 978-7-5448-5128-2

Ⅰ.①徒…　Ⅱ.①贝…②邢…　Ⅲ.①步行－旅游－少儿读物　Ⅳ.①G895-49

中国版本图书馆CIP数据核字（2017）第244053号

责任编辑：车　颖　袁怡黄　　美术编辑：林奕薇
责任校对：杨　艳　　责任监印：刘　冬　　版权联络：王燕超
社长：黄　俭　　总编辑：白　冰
出版发行：接力出版社　　社址：广西南宁市园湖南路9号　　邮编：530022
电话：010-65546561（发行部）　　传真：010-65545210（发行部）
http：//www.jielibj.com　　E-mail：jieli@jielibook.com
经销：新华书店　　印制：北京瑞禾彩色印刷有限公司
开本：710毫米×1000毫米　1/16　　印张：3　　字数：50千字
版次：2017年11月第1版　　印次：2022年11月第2次印刷
印数：30 001—33 000册　　定价：19.50元